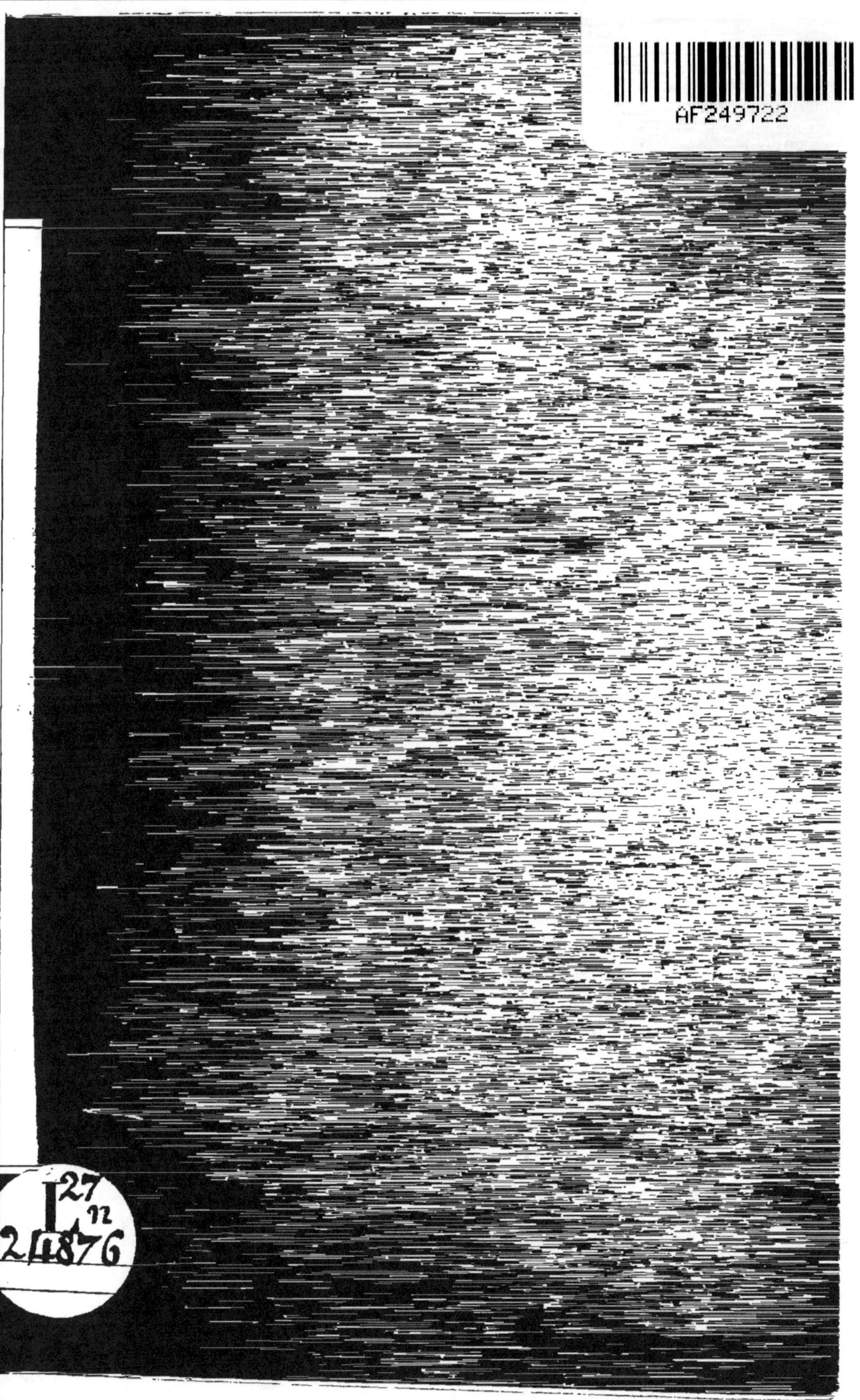

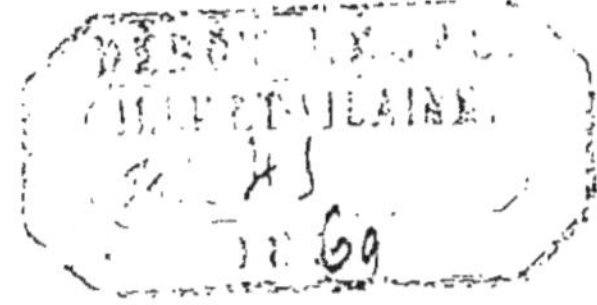

NOTICE

SUR

Mlle ZOÉ LECOCQ

JEUNE ARTISTE AVEUGLE

NOTICE

SUR

MLLE ZOÉ LECOCQ

JEUNE ARTISTE AVEUGLE

1868

RENNES

TYPOGRAPHIE OBERTHUR ET FILS

Maison à Paris, rue des Blancs-Manteaux, 35.

NOTICE

Mlle Zoé LECOCQ est née à Valenciennes, d'une famille des
plus honorables. Quand ses parents, quelques mois après sa
naissance, eurent la douloureuse certitude qu'elle était complétement atteinte de cécité, ils purent n'envisager d'abord qu'avec
la plus profonde tristesse l'avenir de cette pauvre enfant à
laquelle, d'ailleurs, ils étaient si loin de pouvoir laisser quelque
fortune... Quelques années plus tard, ils durent reconnaître,
eux aussi, qu'il est de ces malheurs dont nous sommes trop
innocents pour que la Providence ne se charge pas de nous en
dédommager dès la vie présente. La jeune Zoé était née avec de
rares dispositions pour l'art enchanteur de la musique. Dieu
semblait et semble encore avoir à dessein développé si remar-
quablement en elle le sens musical pour compenser le sens si
précieux qui lui manque, et lui créer à la fois une ressource et
une consolation. C'est là, sans doute, ce que comprirent avec
leur foi et avec leur cœur les parents de la petite aveugle, car
ils firent cultiver par les meilleurs maîtres cette précoce et
providentielle aptitude. Aussi, lorsque mourut le père de famille,
si tout sembla d'abord s'écrouler avec lui, la réflexion montra
bientôt à la pauvre veuve un véritable et consolant appui dans le
talent de sa jeune Zoé, dans ce talent d'autant plus sympathique
que l'âme, dans cette sombre prison où la cécité la tient comme
enfermée, n'en révèle qu'avec plus d'énergie son empire et ses
intimes aspirations par des accents auxquels la musique donne
une singulière puissance. On s'explique facilement ainsi le
succès obtenu par notre artiste dès ses premières tournées

musicales qu'elle accomplit sous la direction de sa mère. Cette pauvre mère, si heureuse du succès de sa fille, avait pour toute ambition d'élever ses trois enfants et d'assurer leur avenir... Hélas ! depuis trois ans, ses enfants sont orphelins, seuls sur la terre. La longue et cruelle maladie de Mme Lecocq avait épuisé toutes les ressources de la famille, et grevé de lourdes charges le présent et l'avenir : ses deux filles se sont imposé, avec la mission d'élever leur jeune frère et de lui faire un sort honorable, une tâche qui fait trop d'honneur à la délicatesse de leurs sentiments et à leur piété filiale, pour qu'elles ne méritent pas de réaliser aussi, par surcroît, grâce à la Providence et à la faveur publique, ce qui leur permettrait enfin de mettre un terme à des pérégrinations si pénibles dans les conditions où les accomplissent ces deux orphelines, et d'abriter leur vie en cet humble et sûr repos où elles ont rêvé de terminer leurs jours, toutes recueillies dans le souvenir béni du bien qui leur aura été fait et de celui qu'elles auront pu faire.....

Voilà leur vœu le plus ardent : Dieu veuille qu'il soit un jour complétement exaucé !....

En attendant, l'intéressante musicienne aveugle et cette sœur si dévouée qui l'accompagne et la dirige, poursuivent le cours de leurs longs et durs voyages.

Mlle Zoé Lecocq a débuté, dans cette carrière de ses tournées artistiques, munie des autorisations de NN. SS. les Evêques d'Arras, d'Amiens, de Meaux, d'Evreux, de Mgr l'Archevêque de Rouen, et en quelque sorte sous leurs auspices.

Elle a trouvé partout, avec de dévoués patronages comme celui de Mme Niel, de Rouen, à son entrée dans le monde musical, les plus consolants témoignages de sympathie. S'il n'est pas possible de les citer tous, sous peine de dépasser les limites d'une simple notice, il est du moins nécessaire d'en soumettre quelques-uns à l'appréciation de l'opinion publique.

Et d'abord en voici un, qui montre en même temps quelle forme particulière et intime peuvent prendre, à l'occasion et selon le désir des personnes, les concerts de la jeune artiste :

« Je me plais à rendre à Mlle Zoé Lecocq le témoignage que, dans une soirée toute intime qu'elle a bien voulu nous donner dans mes appartements, en présence des membres de ma famille et de plusieurs invités, elle nous a procuré à tous le plus vif plaisir, soit qu'elle touchât du piano, de l'harmoni-flûte, soit qu'elle chantât la romance de sa composition : *La Jeune Aveugle,* qui nous a tous profondément émus.

LA JEUNE AVEUGLE

Paroles et musique de Mlle Zoé LECOCQ.

O vous qui voyez la nature
Et ses admirables beautés,
Le ciel, le soleil, la verdure,
L'épi des champs, l'herbe des prés,
Votre bonheur me fait envie ;
Comme vous je voudrais les voir ;
Pour moi, l'image de la vie
Est couverte d'un voile noir !...

Au printemps j'entends l'alouette
Chanter, comme moi, sa chanson ;
Je sens aussi la violette,
Quand je passe auprès du buisson ;
Mais, pour moi, tout reste dans l'ombre,
Les oiseaux ainsi que les fleurs :
Je suis toujours dans la nuit sombre ;
Je n'ai des yeux que pour les pleurs !...

> Petit enfant, douce espérance
> D'une mère qui vous chérit,
> Et qui trouve sa récompense
> Dans votre bouche qui sourit,
> Vous voyez cette main si chère
> Vous donner les soins les plus doux :
> Comme vous j'aime bien ma mère,
> Je ne la vois pas, comme vous !...

N. B. Cette douce et triste élégie a un charme infini, quand elle est accompagnée de sa mélodie et chantée par son auteur.

Cette jeune personne a complétement justifié chez moi les éloges d'elle et de son talent musical, qui lui ont été décernés dans les journaux du Nord et dans le journal de Saint-Quentin, à propos des soirées qu'elle a données dans les pensionnats de notre ville, tant de demoiselles que de jeunes gens.

Son talent musical mérite les encouragements des connaisseurs, comme la triste infirmité dont elle est atteinte a droit aux sympathies des cœurs généreux.

JULES MOUREAU, *journaliste.*

SAINT-QUENTIN, 3 février 1861. »

Parmi tant de témoignagnes décernés à l'occasion de réunions musicales dans les institutions et les colléges, mentionnons les suivants :

« C'est le cœur vivement ému que je me plais à rendre à Mlle Zoé Lecocq le témoignage que nos élèves, ainsi qu'une honorable assistance, ont été ravies du talent de cette jeune aveugle.

Elle joue parfaitement du piano ; elle excelle sur l'harmoni-flûte, et son chant si expressif et en rapport avec sa pénible po-sition a excité le plus vif intérêt et profondément ému tous les cœurs.

Je la remercie sincèrement, au nom de tout l'auditoire, et nous faisons toutes des vœux pour son bonheur présent et futur.

CAEN, le 3 mai 1865.

Sr ROUILLÉ,

Sup^re de la Congrégation des sœurs de la Providence. »

Je suis heureuse de joindre mon témoignage aux attestations si honorables que Mlle Zoé Lecocq a déjà obtenues. Nous l'avons entendue avec le plus vif intérêt. Son talent a excité l'admiration, et nos élèves lui doivent l'une de leurs plus vraies jouissances, en même temps que l'exemple d'un grand courage et d'un beau dévouement.

MARIE DE SAINT-RÉMY, Supérieure.

Couvent de la Vierge Fidèle.

LA DÉLIVRANDE (Calvados), le 26 juin 1865.

V. J.

De notre 2ᵉ Monastère de Rouen, le 24 février 1866.

Jamais infortune ne nous a paru mériter un plus vif intérêt que celle de Mˡˡᵉ Zoé Lecocq, aveugle de naissance et tout à la fois musicienne et poète.

Il est impossible de la voir sans être tout d'abord ému de compassion et prévenu en sa faveur; mais lorsqu'on a écouté l'artiste se livrer sur le piano ou sur son harmoni-flûte à ses suaves inspirations; quand surtout on l'a entendue chanter de sa douce et triste voix sa déchirante et sublime élégie intitulée : l'*Aveugle*, on ne sait plus que pleurer avec elle, tout en bénissant Dieu de lui avoir départi, dans son malheur, de tels dons de cœur et d'esprit, une richesse d'imagination qui semblent suppléer au sens précieux dont la pauvre enfant est privée.

Puisse cette intéressante jeune fille obtenir de tous les cœurs généreux la sympathie dont elle est digne, et trouver bientôt, grâce à la divine Providence, une position fixe et assurée; c'est le vœu bien sincère et bien affectueux que forme pour elle

Sʳ MARIE DE SALES DEUZARD,

Sʳᵉ du 2ᵉ Monastère de la Visitation Sainte-Marie, de Rouen.

D. S. B.

Nous avons entendu avec plaisir et intérêt Mlle Lecocq. Je me plais à lui rendre le témoignage que nos élèves ont été émues et enchantées du talent musical de cette jeune aveugle, et du choix délicat de ses romances.

Je désire que ce témoignage, que je me plais à lui rendre, lui soit utile.

Yvetot, ce 26 février 1866.

Sr CONSTANTINE,

S^{re} des Religieuses des SS. CC., Dames Blanches.

Pont-Audemer.

Mademoiselle Zoé Lecocq a donné deux soirées musicales dans notre ville. La première, le 13 octobre 1866, à la salle de la justice de paix, où la plus brillante société était réunie; la seconde, le lendemain, dans notre établissement, en présence de nos élèves, de leurs parents et de personnes notables auxquelles elle avait inspiré la veille tant de sympathie qu'elles avaient voulu l'applaudir une seconde fois.

Elle a fait plaisir à tous, et plusieurs personnes, en me faisant l'éloge de sa bonne tenue, de son talent particulièrement sur l'harmoni-flûte, son instrument de prédilection, dont elle tire des sons d'une suavité vraiment céleste, de la sensibilité touchante avec laquelle elle rend les différents morceaux de chant, m'ont priée de lui témoigner toute la satisfaction qu'elle leur a causée, et le désir bien sincère de tous qu'elle revienne ici l'année prochaine.

Nous espérons donc qu'elle se rappellera l'accueil qui lui a été fait parmi nous, et nous lui disons : au revoir !...

ÉMILIE DUBOIS,

Maîtresse de pension.

On lit au *Moniteur du Calvados* du 4 août 1866, une lettre publiée sur un concert donné dans une institution : nous en extrayons le passage suivant :

« Je ne puis passer sous silence la délicate surprise qu'a faite à ses invités le maître de la maison.

Mlle Zoé Lecocq, cette jeune artiste aveugle, dont le *Moniteur du Calvados* a déjà eu occasion de nous louer le talent, s'est fait entendre sur l'harmoni-flûte et a chanté quelques romances.

Il semble que Dieu, dans son infinie bonté, gratifie d'un sens spécial ceux que la nature a le plus cruellement frappés. La jeune aveugle dont nous parlons a pour ainsi dire un sens musical. Je l'observais avec une sorte d'étonnement pendant qu'elle nous jouait sur l'harmoni-flûte le *Miserere* du *Trovatore*. Sa figure, naturellement triste et morne, s'illuminait graduellement ; elle oubliait le public même que sa mélodie charmait, et, souriant à l'harmonie de l'admirable chant de désespoir qu'elle interprétait avec un irréprochable sentiment des nuances, elle se donnait à elle-même un concert dont elle semblait toute émue!

Il lui suffit d'entendre exécuter une fois sur le piano une des plus difficiles fantaisies de nos compositeurs en renom pour se rappeler cette multitude de notes qui ont frappé son oreille, et pour pouvoir étudier avec fruit ce morceau qui enrichit bientôt son répertoire.

Vous savez qu'elle chante, sinon avec une voix très-étendue, tout au moins avec une excellente méthode, une grande pureté de diction et une sensibilité peu commune. Je ne crois pas qu'il soit possible de lui entendre chanter la *Jeune Aveugle*, dont elle a composé les paroles et la musique, sans se sentir remuer jusqu'au fond du cœur et sans que les yeux se remplissent de larmes. »

Vive Jésus! De notre Monastère de Rennes.

Mademoiselle,

J'éprouve le besoin de vous exprimer la vive sympathie que sait m'inspirer votre jeune et intéressante sœur; cette impression a été générale hier parmi toutes les personnes qui ont eu le plaisir de l'entendre, et chacune est revenue l'oreille charmée par son beau talent et le cœur plein de l'affectueux intérêt inspiré par ses malheurs et par votre dévouement. Cet intérêt ne sera pas passager, Mademoiselle ; nous vous continuerons toujours le secours de nos meilleures prières ; elles suivront toujours le souvenir de la douce émotion de la soirée d'hier.

Recevez donc nos remerciements pour les bons moments que le talent de Mademoiselle votre sœur a fait passer à nos chères enfants ; elles ont eu en même temps sous les yeux un exemple de résignation, de courage et de dévouement qui ne peut leur être que très-salutaire.

C'est en union du divin Cœur de Jésus que je viens vous prier de compter toujours sur le dévouement affectueux et l'intérêt tout maternel de votre très-humble servante en Notre-Seigneur,

Sr STÉPHANIE DE GONZAGUE TEISSONNIER,

Supérieure de la Visitation Sainte-Marie. D. S. B.

D. S. B.

Ce 27 janvier 1869.

Je certifie que l'intéressante Mlle Zoé Lecocq, jeune artiste aveugle, a donné à notre pensionnat de Saint-Thomas-de-Villeneuve, à Saint-Laurent, une séance musicale, à la grande satisfaction des assistants, des maîtresses et des élèves, qui ont été non seulement charmés du talent de la jeune artiste, mais profondément émus de sa triste position, qu'elle peint d'une manière si touchante.

Nous prenons la liberté de la recommander au bienveillant intérêt de toutes les personnes qui aiment à soulager l'infortune.

Sœur GÉLARD, *supérieure*.

Saint-Laurent (Rennes), 12 février 1869.

———

Des attestations de la même valeur pourraient être produites pour bien d'autres communautés religieuses, comme celles du Sacré-Cœur, des Sœurs de la Providence, de la Congrégation du Saint-Sacrement, des Ursulines, des Célestines, de Saint-Joseph de Cluny, etc.

En voici maintenant d'une origine toute différente :

Université de France. — Académie de Caen.

LYCÉE IMPÉRIAL DU HAVRE.

Le Havre, le 5 juin 1866.

Le Proviseur soussigné certifie que Mlle Zoé Lecocq a donné dans l'établissement deux séances de musique (piano, harmoni-flûte et chant); qu'elle a exécuté avec beaucoup de goût, avec une touchante émotion, les divers morceaux de son charmant répertoire. Elle a vivement impressionné les élèves, qui ont réclamé le plaisir d'entendre une seconde fois la jeune artiste.

Le Proviseur,

L. SAUVION.

Académie de Caen. — Collége de Honfleur.

INSTRUCTION PUBLIQUE.

Honfleur, le 21 juin 1866.

Je n'ai qu'à me louer de l'autorisation accordée à Mlle Lecocq, de donner, dans le collége, une séance musicale. C'est donc de grand cœur que je constate qu'elle a mérité toutes nos sympathies par son talent, par le vif plaisir qu'elle procure et par l'intérêt qu'elle doit tout naturellement inspirer.

Le Principal,

E.-M. BAHON.

Université de France.

LYCÉE IMPÉRIAL DE RENNES.

Le Proviseur du Lycée impérial de Rennes certifie que les élèves de cet établissement ont assisté à un concert donné par Mlle Zoë Lecocq; qu'ils ont entendu avec autant d'intérêt que d'émotion les morceaux qu'elle a chantés, et qu'ils ont surtout vivement applaudi son rare talent sur l'harmoni-flûte dont elle tire les plus heureux effets.

Rennes, le 7 février 1869.

LEGAGNEUR.

L'appui des administrations municipales n'a jamais fait défaut non plus à nos deux artistes, comme l'atteste la pièce suivante, à laquelle nous pourrions en joindre plusieurs autres de la même nature :

LE MAIRE DE LA VILLE DE CAEN certifie que Mlle Lecocq, jeune artiste aveugle, a donné un concert dans les salles de l'Hôtel-de-Ville; qu'elle s'est acquis les sympathies des assistants, et qu'elle mérite, à tous égards, la protection des administrations muni-cipales et des gens de cœur.

A l'Hôtel-de-Ville, le 10 mai 1865.

FONTAINE, *adjoint.*

S'il est un témoignage auquel Mlle Zoé Lecocq ait dû être particulièrement sensible ; s'il est un souvenir qui doive lui être cher entre tous les autres, c'est assurément celui du charmant auteur des *Maternelles*. Mme Sophie Hüe, en effet, ne se contente pas d'avoir fait passer toute son âme de mère et de poète dans cette œuvre délicieusement inspirée qui lui vaut, avec les bénédictions des pauvres, la reconnaissance des familles. N'ayant d'autre ambition que de faire le bien dans la mesure de ses forces et de son influence, elle n'a pu voir associés dans la même personne l'infortune, le courage et le talent, sans en éprouver pour l'orpheline et sa dévouée sœur le plus affectueux intérêt. La lettre suivante, et la gracieuse pièce de poésie qui l'accompagne, comptent au nombre des preuves si touchantes que sa famille et elle leur ont données de leur vive sympathie.

Rennes, 8 février 1869.

MA CHÈRE ENFANT,

Je suis heureuse de vous avoir connue ; vous êtes un noble et touchant exemple de ce que peuvent le courage et le dévouement. Je ne veux pas que vous quittiez Rennes sans emporter de moi quelque chose qui vous rappelle le vif intérêt que vous m'avez inspiré : je vous envoie un *Noël* dont les paroles et la musique sont inédites et conviennent, je le crois, à votre voix si douce et si sympathique. Chantez-le quelquefois en souvenir d'une amie qui vous est acquise pour toujours.

SOPHIE HÜE.

CHANT DE NOEL

I.

Au triste vent d'hiver,
Qui fane le pré vert
Et fauche les pervenches,
Pourquoi, fleurs de Noël,
Ouvrir vos urnes blanches?

— Pour fleurir de nos branches
L'Enfant qui vient du Ciel;
Pour fleurir de nos branches
L'Enfant qui vient du Ciel.

II.

Pourquoi briller sans voiles
A l'horizon qui luit,
Vous que Dieu seul conduit,
Vigilantes étoiles,
Prunelles de la nuit?

— Pour veiller au mystère
De l'instant solennel;
Pour montrer à la terre
L'Enfant qui vient du Ciel.

III.

Pourquoi chanter encore
Pauvres petits oiseaux,
Transis sur les rameaux
Qu'aucun soleil ne dore
Au buisson maternel?

— Pour bercer dès l'aurore
L'Enfant qui vient du Ciel;
Pour bercer dès l'aurore
L'Enfant qui vient du Ciel.

IV.

Pourquoi donc sous vos ailes
Mères, conduisez-vous
Au berceau triste et doux
Vos petits anges frêles
Qui tombent à genoux?

— Pour lui porter la joie
Et l'amour, divin miel;
Pour qu'au Ciel il se croie
L'Enfant qui vient du Ciel!...

Sophie HÜE.

La presse s'est naturellement occupée d'une artiste qui a eu du reste l'honneur de donner des concerts dans les salons Pleyel (24 février 1867), dans les salons d'Erard (21 février 1868), avec le concours des plus éminents artistes de Paris et dans plusieurs de nos grandes villes de France.

Ici surtout la reproduction des textes nous entraînerait bien au-delà des limites d'une simple notice. Voulant d'ailleurs épargner à nos lecteurs l'ennui de trop longues citations, nous nous bornerons à de courts extraits de trois journaux différents.

A la date du 7 juillet 1866, on lisait dans le *Moniteur du Calvados* :

« Mlle Zoé Lecocq, accompagnée par M. Jules Carlez, dont le beau talent se résigne de si bonne grâce à un rôle secondaire, a traduit sur son harmoni-flûte, avec un vrai sentiment artistique, un doigté brillant et une exquise sensibilité, la grande musique de la *Sémiramide* ; elle a été touchante surtout dans le *Miserere* du *Trouvère*, ce chant si plein de larmes, que doit comprendre, en effet, la pauvre enfant dont la vie a été fermée à presque toutes les joies.

» Mlle Lecocq a chanté aussi d'une voix émue et vibrante une mélodie dramatique, intitulée le *Cauchemar*, d'Edouard Véry. »

Voici maintenant comment s'exprime l'*Espérance du peuple* (n⁰ du 7 janvier 1869) :

« Un concert a été donné avec un plein succès, le 4 de ce mois, au bénéfice d'une jeune aveugle. Elle a trouvé en notre ville tout l'appui dû au talent conquis par le plus persévérant travail et au malheur supporté avec la plus courageuse résignation. Un bien affectueux accueil a été fait à Mlle Zoé Lecocq par la réunion la plus choisie. Elle a été écoutée avec une croissante émotion, quand elle a fait entendre les accents si doux de son harmoni-flûte, surtout dans sa suave et pénétrante prière de *Stradella*, accompagnée par l'orgue et le piano. »

Nous ne pouvons mieux terminer cette notice que par la citation suivante, empruntée au *Journal d'Ille-et-Vilaine* (n⁰ du 9 février 1869) :

« Un concert n'a jamais plus d'attraits que lorsqu'il joint aux charmes de la musique, cet ineffable complément de la parole humaine, ceux d'une bonne action ; aussi la vaste salle de l'Hôtel-de-Ville n'a jamais réuni un public plus sympathique et plus nombreux que celui qui s'y pressait dimanche dernier. Les issues mêmes de ce local habituel des concerts étaient encombrées. Quoi qu'en puissent dire les détracteurs de toute œuvre qui n'est pas la leur ou dont le résultat les offusque, cette matinée musicale, organisée au bénéfice de Mlle Zoé Lecocq, jeune artiste aveugle, a pleinement réussi, surtout eu égard aux ressources dont on a pu disposer. Elle fait honneur aux artistes, aux amateurs qui y ont prêté leur généreux concours, particulièrement à M. Th. Bazin, qui en avait pris la direction, et enfin à tous les nobles cœurs qui s'en sont occupés, etc.....

..... Il est temps de parler de l'intéressante artiste aveugle qui était à la fois l'objet et l'attrait nouveau de cette fête musicale.

Soit dans le célèbre air d'église de *Stradella*, où Mlle Petit et M. Bazin l'ont si bien accompagnée, soit dans ses duos avec M. Bazin, soit dans le délicieux solo *Souvenir des Eaux-Bonnes*, Mlle Zoé Lecocq a su tirer de son harmoni-flûte des accents aussi suaves que pénétrants. Quelle délicatesse dans ses variations, quelle finesse dans ses nuances, quelle profonde intelligence de l'art musical !... Quant à son chant, il est plein d'âme et d'expression. Sa voix profondément sympathique remue ou captive son auditoire. Le *Cauchemar*, la *Jeune Aveugle*, cette plainte éloquente de son infortune, le *Roi des Ombres*, et surtout le *Réveil*, ont été fort applaudis, de même que l'*Ave Maria*, qu'elle a chanté après le concert, grâce à une touchante initiative, dans la chapelle des Dames-de-l'Espérance, a fait sensation.

Elle a été rappelée à la fin du concert par les plus chaleureux applaudissements, et puis, en la voyant disparaître de cette salle où elle a obtenu un légitime succès, plus d'une bonne âme a dit sans doute intérieurement pour adieu à l'intéressante aveugle : « Allez, pauvre orpheline, allez sous l'œil de Dieu et sous la garde de cette sœur dévouée qui veille sur vous comme un bon ange ; allez, et puissiez-vous, grâce aux sympathies qu'excite votre talent, grâce à celles qu'éveille votre infortune, trouver partout, avec l'accueil que vous avez rencontré parmi nous, les consolations et les ressources qui vous sont nécessaires, laisser partout un aussi bon souvenir, et accomplir heureusement votre destinée ! »

L. KERGUIREC.

Typographie Oberthur et fils, à Rennes.

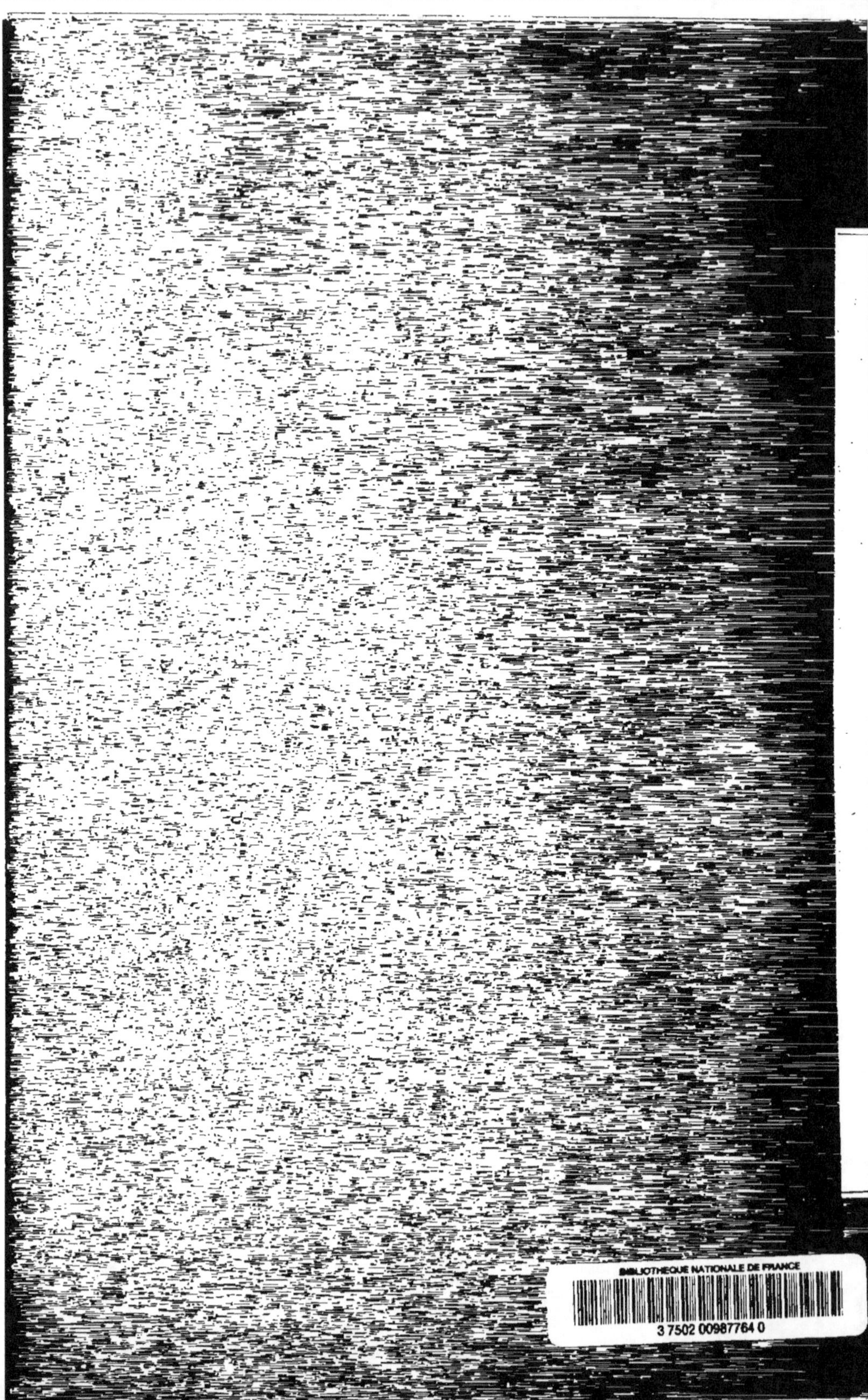